BEI GRIN MACHT SICH IHR WISSEN BEZAHLT

- Wir veröffentlichen Ihre Hausarbeit,
  Bachelor- und Masterarbeit

- Ihr eigenes eBook und Buch -
  weltweit in allen wichtigen Shops

- Verdienen Sie an jedem Verkauf

Jetzt bei www.GRIN.com hochladen und kostenlos publizieren

Bibliografische Information der Deutschen Nationalbibliothek:

Die Deutsche Bibliothek verzeichnet diese Publikation in der Deutschen National-bibliografie; detaillierte bibliografische Daten sind im Internet über http://dnb.d-nb.de/ abrufbar.

Impressum:

Copyright © 2014 GRIN Verlag
Druck und Bindung: Books on Demand GmbH, Norderstedt Germany
ISBN: 9783668695108

Dieses Buch bei GRIN:

https://www.grin.com/document/424120

Radoslav Yankov

Compliance von kooperativen Workflows

GRIN Verlag

GRIN - Your knowledge has value

Der GRIN Verlag publiziert seit 1998 wissenschaftliche Arbeiten von Studenten, Hochschullehrern und anderen Akademikern als eBook und gedrucktes Buch. Die Verlagswebsite www.grin.com ist die ideale Plattform zur Veröffentlichung von Hausarbeiten, Abschlussarbeiten, wissenschaftlichen Aufsätzen, Dissertationen und Fachbüchern.

Besuchen Sie uns im Internet:

http://www.grin.com/

http://www.facebook.com/grincom

http://www.twitter.com/grin_com

Compliance von kooperativen Workflows

Ausarbeitung
Seminar Compliance von Workflows
Sommersemester 2014

Radoslav Yankov

Karlsruher Institut für Technologie, Institut für Programmstrukturen und Datenorganisation

Abstract. Automatisierte Workflow-Systeme müssen compliant mit verschiedenen Normen, Regeln und Standards sein. Das bedeutet, dass die Geschäftsprozesse im Einklang mit bestimmten Regulierungen ausgeführt werden müssen. Es gibt verschiedene Ansätze, die sich mit Compliance im Kontext von intra-organizational Workflows befassen. Bei inter-organizational Workflows muss jedoch sowohl lokale, als auch globale Compliance gewährleistet werden [7]. Prozessinterne Details sind dabei versteckt und für die anderen am Prozess beteiligten Partner nicht zugänglich. Das macht die Compliance-Überprüfung wesentlich komplizierter als bei intra-organizational Workflows. Im Rahmen dieser Arbeit werden Methoden zur Compliance-Unterstützung bei kooperativen Workflows vorgestellt, verglichen und bewertet.

Keywords: kooperative Workflows, Choreographie, Compliance, Compliance-Überprüfung, PROPOLS, Contract Compliance Checker

1   Einleitung

Bei Workflow-Systemen und insbesondere bei kooperativen Workflows ist es sehr wichtig, dass verschiedene Gesetze, Richtlinien und Vertragsspezifikationen, die in der Regel aus Rechten, Pflichten und Verboten bestehen, eingehalten werden. Ein unerwartetes Verhalten eines der am Prozess beteiligten Partner kann dazu führen, dass das gemeinsame Ziel nicht erreicht wird, was sehr negative Folgen für alle Prozessbeteiligten haben kann. Die Ausführung der Geschäftsprozesse im Widerspruch mit bestimmten Normen und Regeln kann auch zu Strafen und Geldverlust für die beteiligten Parteien führen. Aus all diesen Gründen ist eine Compliance-Überprüfung und -Gewährleistung von großer Bedeutung für automatisierte Workflow-Systeme.

Bei kooperativen Workflows ist neben einer lokalen Compliance-Überprüfung auch eine globale erforderlich. Dabei besteht auch eine zusätzliche Einschränkung: alle prozessinternen Details sind versteckt und für die anderen beteiligten Partner nicht zugänglich. Das macht die Compliance-Überprüfung bei kooperativen Workflows noch komplizierter [7]. Es existieren hauptsächlich drei Herausforderungen, die während der Compliance-Überprüfung zu beachten sind:

1. Wann soll auf Compliance überprüft werden (zur Modellierungs- oder zur Laufzeit)?
2. Wie sollen die Einschränkungen (Regeln, Normen, Vertragsspezifikationen) modelliert werden?
3. Wie sollen die Modelle überprüft werden?

Im Rahmen dieser Arbeit werden drei Methoden zur Compliance-Unterstützung bei kooperativen Workflows (zwei zur Compliance-Überprüfung zur Modellierungszeit und eine zur Laufzeit) vorgestellt, verglichen und bewertet. Diese Methoden versuchen die Herausforderungen bei Compliace-Überprüfung im Kontext von kooperativen Workflows zu lösen.

Die vorliegende Seminararbeit ist folgendermaßen aufgebaut: in Kapitel 2 werden Grundkonzepte erläutert. Es wird erklärt, was Workflow-Management-Systeme und kooperative Workflows sind und was diese mit Choreographie zu tun haben. In Kapitel 3 werden drei Methoden zur Compliance-Unterstützung bei kooperativen Workflows vorgestellt. In Kapitel 4 werden die Methoden verglichen und bewertet und im letzten Kapitel erfolgen Fazit und Ausblick, wo auch die wichtigsten Informationen zusammengefasst werden.

2 Grundlagen von kooperativen Workflows

In diesem Kapitel werden Grundlagen und Konzepte beschrieben, die zum besseren Verständnis der in Kapitel 3 vorgestellten Methoden notwendig sind. Zunächst wird kurz erläutert, was Workflow-Management-Systeme sind, sowie welche Vorteile der Einsatz dieser Systeme mit sich bringt. Danach folgt eine Einführung in Choreographie von Workflow-Systemen, die den kooperativen Workflows zugrunde liegt.

Die Workflow-Management-Systeme (WfMS) sind Vorgangsbearbeitungssysteme, welche die Steuerung von Geschäftsprozessen durch Vereinfachung, Automatisierung und Optimierung unterstützen. Sie koordinieren die Durchführung von Aufgaben durch verschiedene Bearbeiter mithilfe eines vordefinierten Prozessmodells (Workflow-Schema). Die WfMS können Personen, die den Prozessen oder bestimmten Organisationsstrukturen zugeordnet sind, an anstehende Aufgaben erinnern und zusätzliche relevante Informationen bereitstellen. Sie überwachen die Einhaltung von Zeitgrenzen und können als Integrationsplattform dienen, da mittels WfMS die Integration verschiedener externer Applikationen im Prozess möglich ist. Diese Systeme kommen zum Einsatz bei stark strukturierten, routinemäßigen Prozessen, an denen viele Leute beteiligt sind. Sie erhöhen den Automatisierungsgrad und die Qualität der

Geschäftsprozesse, reduzieren die Durchlaufzeit, verbessern die Prozesstransparenz und steigern die Informationsverfügbarkeit und die Effizienz. [1]

Orchestrierung und Choreographie repräsentieren die zwei wichtigsten Aspekte bei der Komposition von Workflows. Da im Rahmen dieser Seminararbeit ausschließlich kooperative Workflows betrachtet werden, konzentrieren wir uns auf die Erläuterung von Choreographie, die den kooperativen Workflows zugrunde liegt. Ganz allgemein kann man kooperative Workflows als Prozesse, die miteinander agieren, definieren, wobei diese Interaktion aus einer globalen Sicht betrachtet wird.

Bei Choreographie geht es um Modellierung der Koordination von Interkationen zwischen mehreren verschiedenen Prozessen eines Workflow-Systems. Dabei sind prozessinterne Details, d.h. Details über den Aufbau und die Funktionsweise des Prozesses, die zum sogenannten Private-View gehören, nicht relevant. Von Bedeutung sind bei Choreographie nur die Schnittstellen an die beteiligten Partner, mit denen interagiert wird. Diese Schnittstellen gehören zum sogenannten Public-View, das bei der Choreographie von großer Bedeutung ist. [2]

Somit ist Choreographie eine Koordination des Zusammenspiels zwischen Prozessen, wobei die Interaktion zwischen ihnen von einer globalen Perspektive betrachtet wird. Während der Interaktion werden Nachrichtenflüsse verfolgt. Das sind Nachrichten, die zwischen den am Prozess beteiligten Partnern ausgetauscht werden. Daher kann man behaupten, dass die Interaktion zwischen den Prozessen nachrichtenbasiert verläuft. Zur Ausführungszeit führt jeder Teilnehmer seine Aufgabe entsprechend seiner Rolle und dem Verhalten der anderen Partner durch. [3]

Derzeit existieren drei Möglichkeiten zur Modellierung von Choreographie: mittels Interaktionsmodelle, Verbindungsmodelle und deklarativer Modelle. Grundlage für die Interaktionsmodelle sind, wie der Name andeutet, die Interaktionen zwischen den Prozessen. Durch das Verbindungsmodell wird versucht, möglichst nah der Idee der abstrakten Prozesse zu kommen. Dabei werden nur Details von den Prozessen berücksichtigt, die für die Interaktion notwendig sind. Durch die deklarativen Modelle werden Einschränkungen für die Ausführung definiert. [3]

3 Methoden zur Compliance-Unterstützung bei kooperativen Workflows

Bei der Compliance-Überprüfung in Choreographien bzw. kooperativen Workflows gibt es hauptsächlich drei große Herausforderungen: zu welchem Zeitpunkt soll auf Compliance überprüft werden, in welcher geeigneten Modellierungssprache sollen die Einschränkungen (Constraints) modelliert werden und wie sollen dann die erstellten Modelle überprüft werden.

In diesem Kapitel werden drei Methoden vorgestellt, die versuchen, diese Herausforderungen zu lösen. Bei der ersten Methode werden Regeln mithilfe einer musterbasierten Ontologiesprache spezifiziert. Anschließend werden die bereits modellierten Regeln automatisch verifiziert. Die zweite Methode bietet einen Algorithmus zur Erzeugung von compliant-kooperativen Workflows in elf Schritten. Die letzte Methode heißt Contract Compliance Checker. Er überprüft, ob die Aktivitäten der Geschäftspartner compliant mit der Vertragsspezifikation sind. Bei den ersten zwei Methoden handelt es sich um Compliance zur Modellierungszeit, bei der letzten - um Compliance zur Laufzeit.

3.1 Musterbasierte Regelspezifikation und anschließende Verifikation

Bei dieser Methode wird die Sprache PROPOLS (Property Specification Pattern Ontology Language for Service Composition) zur Spezifikation von Regeln eingesetzt. Anschließend erfolgt eine automatisierte Verifikation der mittels dieser Sprache spezifizierten Regeln. Diese Methode setzt voraus, dass die entstehenden Kooperationsmodelle als Service-Interaktionsmodelle modelliert worden sind. Service-Interaktionsmodelle können mit Hilfe der XML-basierten Ausführungssprache BPEL (Business Process Execution Language) spezifiziert werden. Sie wird benutzt zur Spezifikation von Geschäftsprozessen auf der Grundlage von Web-Services.

Die Sprache PROPOLS. PROPOLS ist eine Ontologiesprache zur Spezifikation von Geschäftsregeln. Durch Ontologie werden Begrifflichkeiten sprachlich ausgedrückt und sie erlaubt die Definition von standardisierter Terminologie. Das macht PROPOLS sehr einfach zu benutzen und lernen, da Regeln sehr intuitiv und fast wie in natürlicher Sprache spezifiziert werden. [4, 5]

Modellprüfung ist eine formale Methode zur Compliance-Überprüfung. Bei dieser Methode wird ein Workflow üblicherweise in Form von Petri-Netzen, Prozessalgebra oder endlichen Zustandsautomaten formalisiert. Alle Regeln werden formal ausgedrückt, z. B. mithilfe linearer temporaler Logik. Dann kann das formale Modell überprüft und verifiziert werden. Der größte Nachteil dieses Verfahrens besteht darin, dass die Geschäftsregeln formell sehr schwierig auszudrücken sind. Das macht diese Methode sehr schwierig zu benutzen, wenn man kein gutes Wissen im Bereich der formalen Systeme hat. PROPOLS versucht dieses Problem zu lösen, indem sie Muster zur Spezifikation von komplexen Geschäftsregeln bietet. Auf diese Weise können Leute ohne fundierte Kenntnisse im Bereich der temporalen Logik und der formalen Systeme komplexe Spezifikationen erstellen und bereits erstellte Spezifikationen verstehen. Das macht diese Methode leicht zu benutzen und lernen. Alle diesen Eigenschaften sind wichtige Kriterien bei der Auswahl einer Sprache zur Spezifikation von Regeln. [4, 5]

Mit PROPOLS werden nicht nur einfach die Regeln spezifiziert. Bei der Regelspezifikation wird auch bestimmt, wann die Regel gelten muss. Die Sprache PROPOLS besteht aus den folgenden Hauptelementen: OrderPattern, OccurrencePattern, Scope, Operation, Expression, ConstraintList. Im Folgenden werden nur die für kooperative Workflows relevanten Elemente detailliert betrachtet. Eine ausführliche Beschreibung aller Hauptelemente der Sprache PROPOLS im Kontext von Web-Service-Komposition ist in [4] vorhanden.

Wir nehmen an, dass P und Q bestimmte Ereignisse oder Zustände in einem Geschäftsprozess sind.

OrderPattern ist eine Klasse, die folgende Muster definiert:

- Precedence: P muss Q immer vorangehen.
- Response (LeadsTo): P muss Q immer folgen.

OccurencePattern ist eine Klasse, die folgende Muster definiert:

- Absence: P tritt nie auf.
- Universality: P tritt immer auf.
- Existence: P muss auftreten.
- Bounded Existence: P muss mindestens/ genau/ höchstens k-mal auftreten.

Durch Scope wird spezifiziert, wann eine Regel erfüllt sein muss. In Scope werden folgende Muster beschrieben:

- Globally: die Regel muss während der ganzen Ausführung des Prozesses gehalten werden.
- Before: die Regel muss bis zum ersten Auftreten von P gehalten werden.
- After: die Regel muss nach dem ersten Auftreten von P gehalten werden.
- Between ... And: die Regel muss von dem Auftreten von P bis das Auftreten von Q gehalten werden.
- After ... Until: wie bei dem vorherigen Fall, aber die Regel muss gehalten werden auch wenn Q nie auftritt.

ConstraintList ist praktisch ein Platzhalter für alle definierten Einschränkungen und Regeln.

Es existieren auch die sogenannten zusammengesetzten Muster, mit dessen Hilfe sehr komplexe Geschäftsregeln spezifiziert werden können. Eine komplexe zusammengesetzte Regel besteht aus mehreren einfachen Regeln, die mit einem booleschen Operator verknüpft sind. Folgende Operatoren der booleschen Logik werden dabei verwendet: Not, And, Or, Xor, Imply. [4]

Beispiel. Das folgende Beispiel zeigt wie eine Regel, definiert in natürlicher Sprache, in der Sprache PROPOLS spezifiziert werden kann. Die Regel sieht in natürlicher Sprache so aus:

„If the order is fulfilled, the bank ensures that the payment transfers to the company. "
[4]

Die formale Spezifikation dieser Regel in PROPOLS sieht dann folgendermaßen aus:

```
Customer.GetOrderFulfilled Precedes Bank.Transfer Globally
And
Customer.GetOrderFulfilled LeadsTo Bank.Transfer Globally
```

[4]
Dabei handelt es sich um eine komplexe zusammengesetzte Regel, die aus zwei einfachen Regeln besteht, die mit einem booleschen And-Operator verknüpft sind. Die Regel muss während der gesamten Ausführung des Prozesses gelten, deswegen ist sie als „globally" definiert.

Verifikation. Wie schon erwähnt wurde, müssen die bereits mit PROPOLS spezifizierten Regeln anschließend verifiziert werden. Die Verifikation erfolgt automatisch mit Hilfe eines Verifikationsframeworks in folgenden drei Schritten:

Im ersten Schritt wird für jede spezifizierte Regel ein semantisch äquivalenter endlicher deterministischer Automat konstruiert. Wenn es sich dabei um eine zusammengesetzte komplexe Geschäftsregel handelt, die mithilfe eines zusammengesetzten Musters spezifiziert ist, wird der Automat mittels Zusammensetzung von einfachen Automaten konstruiert. [4]

Im zweiten Schritt wird ein endlicher deterministischer Automat für das ganze Workflow-System aus dem BPEL-Schema aufgebaut. Dieser Automat besteht aus einer Menge von endlichen Zuständen und zu jedem endlichen Zustand wird ein Zustand zur Behandlung von Fehlerfällen definiert. [4]

Im letzten Schritt erfolgt die eigentliche Compliance-Überprüfung des Workflow-Schemas gegenüber den bereits mittels PROPOLS spezifizierten Regeln. Dabei werden die beiden in Schritt 1 und 2 konstruierten Automaten verifiziert. Es wird überprüft, ob die Sequenz von allen akzeptierenden Ereignissen des Automaten des Workflow-Systems in der Sequenz der akzeptierenden Ereignisse des Automaten der Geschäftsregeln enthalten ist. [4]

Der ganze Verifikationsprozess wird von Werkzeugen unterstützt und erfolgt automatisch. Auf Figur 1 ist grafisch dargestellt, wie die Verifikation durchgeführt wird.

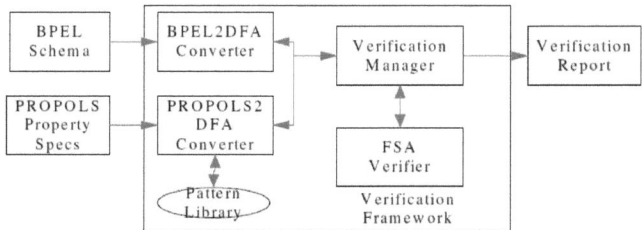

Fig. 1. Verifikationsframework [6]

Das Verifikationsframework erfordert das BPEL-Schema und die mit PROPOLS spezifizierten Regeln als Eingabe. Danach wird alles automatisch durchgeführt und am Ende bekommt man das Ergebnis von der Verifikation. Mit Hilfe der Werkzeuge BPEL2DFA und PROPOLS2DFA werden die beiden Automaten konstruiert und anschließend durch das FSA-Verifier-Tool verifiziert. PROPOLS2DFA greift auf eine Pattern-Library zu, mit dessen Hilfe es den Regelautomaten aufbaut. Der Verfication-Manager übergibt die konstruierten Automaten dem FSA-Verifier. Nach der Verifikation gibt der FSA-Verifier das Ergebnis dem Verification-Manager zurück.

3.2 Methode zur Erzeugung von compliant-kooperativen Workflows

Diese Methode ist speziell für kooperative Workflows konzipiert. Sie definiert 11 separate Schritte, die durchgeführt werden müssen, um ein compliant-kooperatives Workflow-System zu erzeugen. Diese Methode setzt voraus, dass die Interaktionsmodelle in Business Process Model and Notation (BPMN) modelliert sind. Die Regelspezifikation erfolgt mittels linearer temporaler Logik. Bei dieser Methode geht es genauso wie bei der vorherigen um Compliance in der Designphase. Die eigentliche Compliance-Überprüfung wird durch Modellprüfung der public Elemente (Interaktionsmodell und public Prozessmodelle) durchgeführt. Auf Figur 2 sind alle 11 Schritte graphisch abgebildet. Im Folgenden werden die einzelnen Schritte beschrieben.

Im ersten Schritt werden globale Regeln definiert. In Schritt 2 erfolgt die Spezifikation der globalen öffentlichen Sicht der Interaktionen zwischen den beteiligten Partnern. Was die globale öffentliche Sicht beschreibt, wurde bereits im zweiten Kapitel erläutert. In den nächsten zwei Schritten (3 und 4) wird die Korrektheit des Interaktionsmodells gewährleistet. Dabei geht es einerseits um korrektes Verhalten der Partner (z. B. keine Deadlocks). [7]

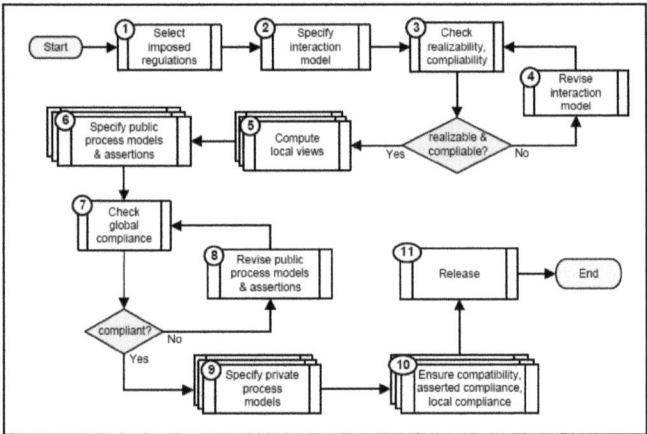

Fig. 2. Erzeugung von compliant kooperativen Workflows [7]

Andererseits sollte Realisierbarkeit des Interaktionsmodell gewährleitet werden. In diesen Schritten soll also sichergestellt werden, dass jeder der beteiligten Partner in der Lage ist, seinen Prozess so zu modellieren, dass er mit dem Interaktionsmodell kompatibel ist. Generell müssen die beteiligten Partner in der Lage sein, öffentliche und private Prozessmodelle zu definieren, die dem Interaktionsmodell und den in Schritt 1 spezifizierten Regeln entsprechen. Somit muss das Interaktionsmodell den globalen Regeln nicht widersprechen. Diese Korrektheitsbedingung nennt man Compliability. [7]

Nachdem ein korrektes Verhalten, Realisierbarkeit und Compliability sichergestellt worden sind, muss in Schritt 5 die lokale private Sicht jedes Partners spezifiziert werden. Was die private Sicht beschreibt, wurde in Kapitel 2 auch erläutert. Aufgrund der in Schritt 5 definierten privaten Sicht, definieren die Partner in Schritt 6 öffentliche Prozessmodelle für ihre Prozesse mittels öffentlicher Tasks. Im nächsten Schritt (7) wird eine globale Compliance-Überprüfung durchgeführt. Dabei wird überprüft, ob das Interaktionsmodell und die öffentlichen Prozessmodelle den globalen Regeln, die in Schritt 1 festgelegt wurden, entsprechen. Schritt 7 ist der wichtigste Schritt in dieser Methode. Hier muss berücksichtigt werden, dass die privaten Prozesse nicht öffentlich bekannt sind. Falls keine globale Compliance gewährleistet werden kann, müssen die öffentlichen Prozessmodelle in Schritt 8 überarbeitet werden, bevor noch einmal auf Compliance überprüft wird. [7]

Wenn auch globale Compliance sichergestellt werden kann, sind die öffentlichen Teile, die notwendig für das kooperative Workflow-System sind, vollständig. Danach definieren die Partner in Schritt 9 ihre privaten Prozessmodelle. Sie müssen mit den entsprechenden öffentlichen Prozessmodellen kompatibel sein und den lokalen Regeln entsprechen. In Schritt 10 wird separat von jedem Partner lokal auf Compliance überprüft, da die Prozessmodelle nach außen nicht sichtbar sind. In Schritt 11 ist das kooperative Workflow-System vollständig und fertiggestellt. [7]

Die eigentliche Compliance-Überprüfung erfolgt bei dieser Methode in Schritt 7. Dabei geht es jedoch um eine globale Compliance-Überprüfung im Kontext von kooperativen Workflows. Die Compliance-Überprüfung bei kooperativen Workflows ist relativ kompliziert, weil die privaten Prozessmodelle jedes Partners von der globalen Perspektive nicht bekannt sind. [7]

Bei der globalen Compliance-Überprüfung wird zunächst ein erweitertes öffentliches Prozessmodell für jeden Partner aufgebaut. Danach werden die gebildeten Modelle mit Interaktionsmodellen verknüpft. Die erweiterten öffentlichen Prozessmodelle können jedoch keine Korrektheit des Nachrichtenaustauschs zwischen den Partnern nachweisen. Aus diesem Grund werden die globalen Compliance-Regeln um Vorbedingungen erweitert, mit dessen Hilfe nicht korrekten Nachrichtenaustausch heraus filtriert wird. Zum Schluss wird dann Modellprüfung zur Gewährleistung von globaler Compliance der public Elemente eingesetzt. [7]

3.3   Contract Compliance Checker (CCC)

In der Business-Welt spielen Verträge eine zentrale Rolle. Sie regeln die Interaktionen zwischen den interagierenden Geschäftspartnern. Aus diesem Grund ist es sehr wichtig zu gewährleisten, dass diese Interaktionen den im Vertrag spezifizierten Bedingungen entsprechen.

Zu diesem Zweck kann der Contract Compliance Checker (CCC) verwendet werden. Der CCC ist ein unabhängiger Third-Party-Service zur Compliance-Überprüfung während der Laufzeit, der in der Lage ist, Ereignisse zu beobachten, die mit den Interaktionen zwischen den Geschäftspartnern verbunden sind. Er ist neutral, liegt zwischen den interagierenden Partnern und beobachtet und protokolliert die Interaktionen. Das Ziel ist zu bestimmen, ob die Aktivitäten der Geschäftspartner den Spezifikationen im Vertrag entsprechen. Diese Methode erfordert eine Spezifikation aller Regeln (Vertragsklauseln) als Event-Condition-Action-Regeln (ECA-Regeln), damit sie vom CCC interpretiert werden können. ECA-Regeln sind Regeln, die erfüllt sein müssen, nur wenn ein bestimmtes Ereignis oder eine bestimmte Zustandsänderung auftritt. Bei dieser Methode gibt es auch eine weitere Anforderung an das Interaktionsmodell. Es soll nur aus einfachen Geschäftsoperationen bestehen (z.b. payment submission, order cacellation), die mit dem RosettaNet-Partner-Interface-Processes-Standard definiert werden können. Auf Figur 2 ist die abstrakte Architektur von CCC abgebildet. [8]

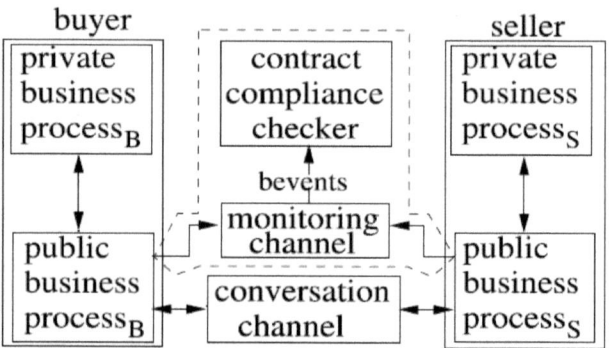

Fig. 3. Abstrakte Architektur von CCC [8]

Während des Interaktionsprozesses führt jeder Partner seine Aufgaben durch. Es existieren zwei logische Kommunikationskanäle in der Architektur von CCC. Der eine (Konversationskanal) ermöglicht die Kommunikation zwischen den Partnern. Der andere wird als Monitoring-Kanal bezeichnet und liefert Ereignisse zum CCC. [8]

Die Klauseln in einem Vertrag bestehen normalerweise aus Rechten, Pflichten und Verboten. Reche beschreiben, was ein Geschäftspartner machen darf, Pflichte - was er machen muss und Verbote - was er nicht machen darf oder sollte. Überdies können auch verschiedene Einschränkungen definiert werden. Ein Geschäftsprozess ist compliant mit einem Vertrag, wenn er den in ihm spezifizierten Rechten, Pflichten, Verboten und Einschränkungen entspricht. [8]

Sobald ein Geschäftsereignis (Business event oder bevent) auftritt, analysiert der CCC folgende drei Anforderungen, um festzustellen, ob eine Geschäftsoperation compliant mit dem Vertrag ist:

- wird die Geschäftsoperation entsprechend den spezifizierten Rechten, Pflichten und Verboten durchgeführt
- wird die Geschäftsoperation von der im Vertrag spezifizierten Rolle ausgeführt

- wird die Geschäftsoperation zum richtigen Zeitpunkt und in der richtigen Reihenfolge ausgeführt

Die Architektur von CCC besteht aus den folgenden Komponenten:

- Menge von Rechten, Pflichten, Verboten - hier werden die Rechte, Pflichte und Verbote aller beteiligten Geschäftspartner gespeichert.
- Bevent-Logger - hier werden alle Ereignisse permanent gespeichert, die vom CCC verarbeitet wurden.
- Bevent-Schlange - hier werden Ereignisse gespeichert bis sie verarbeitet werden.
- Regeln-Repository - hier werden alle im Vertrag spezifizierten Regeln gespeichert.
- Relevance-Engine - entfernt Ereignisse von der Bevent-Schlange und überprüft auf Übereinstimmung zwischen den Ereignissen und den Regeln von der Regeln-Repository.

Der CCC muss praktisch sicherstellen, dass eine Geschäftsoperation nur dann ausgeführt wird, wenn sie mit den Regeln, die im Vertrag spezifiziert sind, compliant ist.

Beispiel. Im folgenden Beispiel wird eine in natürlicher Sprache definierte Vertragsklausel als ECA-Regel spezifiziert. Die Vertragsklausel lautet:

„If the purchase order is accepted, the seller is obliged to submit an invoice within 24 hours."

Die Spezifikation dieser Vertragsklausel als ECA-Regel sieht so aus:

$$e \equiv (name = AcceptPO, exoutcome = S, initiator = seller, -)$$
$$\rightarrow \{O_S- = RespondPO, O_S+ = (SubInv,' 24h')\}$$

[8]

- e – business event (bevent)
- AcceptPO – Acceptance of purchase order
- S – success
- O_S – seller's set of obligations
- SubInv – submission of invoice

4 Vergleich und Auswertung der Methoden

In diesem Kapitel versuchen wir die in Kapitel 3 vorgestellten Methoden nach bestimmten Kriterien zu vergleichen und zu bewerten. Zunächst beschreiben wir kurz die ausgewählten Vergleichskriterien.

Die Methoden werden nach den folgenden acht Kriterien verglichen:

1. Zeitpunkt der Compliance-Überprüfung: Wann wird auf Compliance überprüft, zur Modellierungszeit oder zur Laufzeit?

2. Einfache Benutzbarkeit: Ist die Methode leicht zu benutzen oder man braucht spezielle Fachkenntnisse, um sie benutzen zu können?

3. Leichte Erlernbarkeit: Ist die Methode leicht zu lernen oder der Lernaufwand ist zu groß?

4. Definition von konkreten Schritten: Definiert die Methode konkrete Schritte, die durchgeführt werden müssen?

5. Werkzeugunterstützung: Wird die Methode von Werkzeugen unterstützt?

6. Einsatzgebiet: In welchen Gebieten ist die Methode anwendbar? Ist das nur ein einziges Gebiet?

7. Iterationsunterstützung: Ist die Methode iterativ?

8. Evaluierung: Ist die Methode evaluiert worden?

Tabelle 1 zeigt einen Vergleich der drei Methoden nach den acht Kriterien.

Methoden	Vergleichskriterien							
	1	2	3	4	5	6	7	8
(I)	Modellierungszeit	✓	✓	✗	✓	Web-Services; kooperative Workflows	✗	✗
(II)	Modellierungszeit	✗	✗	✓	✗	kooperative Workflows	✓	✗
(III)	Laufzeit	✗	✗	✗	✗	verteilte Systeme; kooperative Workflows im Kontext von Geschäftsverträgen	✗	✗

Tabelle 1. Vergleichstabelle

(I) Musterbasierte Regelspezifikation und anschließende Verifikation [4, 5, 6]

(II) Methode zur Erzeugung von compliant kooperativen Workflows [7]

(III) Contract Compliance Checker [8]

Die Tabelle zeigt, dass die Compliance-Überprüfung bei den ersten zwei Methoden während der Modellierungszeit erfolgt. Bei der dritten Methode wird auf Compliance während der Laufzeit überprüft. Das zweite und dritte Kriterium werden nur von der ersten Methode erfüllt. Bei dieser Methode werden Regeln mittels PROPOLS spezifiziert und die Kooperationsmodelle werden als Service-Interaktionsmodelle mit Hilfe von BPEL modelliert. Alles andere erfolgt automatisch. PROPOPLS ist, wie bereits erklärt wurde, sehr intuitiv und man braucht keine speziellen Kenntnisse, um Regeln spezifizieren zu können. Bei der zweiten Methode erfolgt die Regelspezifikation mittels LTL, was nicht einfach ist, da man sich sehr gut mit formalen Systemen auskennen muss. Die Spezifikation der Vertragsklauseln als ECA-Regeln, die ein Teil der dritten Methode ist, ist auch nicht einfach. Es ist zwar einfacher als eine Spezifikation in LTL aber nicht einfacher als eine Spezifikation in PROPOLS.

Dem vierten Kriterium entspricht nur die zweite Methode, da sie explizit elf Schritte definiert, die durchgeführt werden müssen, um ein compliant kooperatives Workflow-System aufzubauen. Bei den anderen zwei Methoden gibt es keine explizite Definition von Schritten, obwohl bei der ersten zunächst die Regeln und das BPEL-Schema modelliert und anschließend verifiziert werden.

Nur die erste Methode erfüllt Kriterium Nummer 4. Dabei werden die entsprechenden Automaten von Werkzeigen automatisch erzeugt und verifiziert. Die anderen zwei Methoden bieten zurzeit keine Werkzeuge.

Das nächste Vergleichskriterium ist Einsatzgebiet. Alle drei Methoden können natürlich bei kooperativen Workflow-Systemen eingesetzt werden. Die erste Methode ist auch bei Komposition von Web-Services anwendbar, während der CCC auch bei verteilten Systemen im Kontext von Geschäftsverträgen verwendet werden kann.

Offensichtlich ist nur die zweite Methode iterativ, da einige Schritte mehrmals wiederholt werden können, bis das gewünschte Ergebnis erreicht wird. Somit erfüllt nur die zweite Methode Kriterium Nummer 7.

Zum Schluss können wir feststellen, dass keine der drei Methoden evaluiert worden ist und somit erfüllt keine der Methoden das letzte Kriterium.

Bei der Auswahl einer Methode hängt alles vom konkreten Fall ab. Wenn man eine Methode zur Compliance-Unterstützung zur Laufzeit insbesondere im Kontext von Geschäftsverträgen braucht, wäre dann die letzte Methode passend. Falls man eine Methode zur Compliance-Überprüfung während der Modellierungszeit braucht, muss man sich zwischen der ersten und zweiten Methode entscheiden. Die Vorteile der ersten Methode überwiegen, da sie leicht zu benutzen und lernen ist und einen hohen Automatisierungsgrad aufweist. Jedoch ist sie nicht iterativ und definiert explizit keine konkreten Schritte, die während der Compliance-Überprüfung durchgeführt werden müssen. Wenn man einen konkreten Algorithmus zur Erzeugung von compliant kooperativen Workflows braucht, wäre dann die zweite Methode eine gute Entscheidung.

5   Fazit und Ausblick

In der vorliegenden Seminararbeit wurden drei Methoden zur Compliance-Unterstützung bei kooperativen Workflow-Systemen vorgestellt, verglichen und bewertet. Zwei von ihnen dienen zur Compliance-Überprüfung in der Designphase, eine - während der Ausführungszeit. Bei allen drei Methoden wurde erklärt, was die Basis der jeweiligen Methode ist, d.h. was für Voraussetzungen an Modellierungssprache für die Workflows gibt es und wie müssen Constraints spezifiziert werden. Überdies haben wir versucht, zu erläutern, welche Algorithmen für die eigentliche Compliance-Überprüfung bei jeder der drei Methoden eingesetzt werden.

Bei der ersten Methode wird das BPEL-Schema der Workflows gegenüber den mit der Ontologiesprache PROPOLS spezifizierten Constraints zur Modellierungszeit verifiziert. Der Prozess ist größtenteils automatisiert und wird von Werkzeugen unterstützt. PROPOLS ist sehr intuitiv und leicht zu benutzen. Allerdings ist diese Methode nicht iterativ und noch nicht evaluiert worden. Eine Evaluierung mit anschließenden empirischen Untersuchungen wäre der Beweis dafür, dass die Methode effektiv in der Praxis eingesetzt werden kann. Hilfsreich wäre es auch, wenn in Zukunft ein weiteres Werkzeug mit grafischer Benutzeroberfläche entwickelt würde, mit dessen Hilfe Constraints in PROPOLS spezifiziert werden können. Das würde die Regelspezifikation noch einfacher machen.

Die zweite Methode bietet einen Algorithmus zur Erzeugung von compliant kooperativen Workflows. Das ist also wieder eine Methode zur Compliance-Unterstützung während der Modellierungszeit. Zur Modellierung der Workflows wird BPMN-Notation benutzt, Constraints werden mittels LTL spezifiziert und die Compliance-Überprüfung erfolgt mit Hilfe von Modellprüfung. Die Methode ist zwar iterativ und definiert konkrete Schritte beim Aufbau von compliant kooperativen Workflows, ist aber relativ schwierig zu benutzen. Sie ist noch nicht empirisch untersucht und evaluiert worden. Es wäre gut, wenn in Zukunft auch andere Perspektiven im Prozess der Compliance-Überprüfung einbezogen werden, wie z.B. Datenaspekt, Organisationsaspekt, Zeit.

Bei der dritten Methode geht es um ein Third-Party-Monitoring-Service, dessen Ziel ist zu bestimmen, ob die Interkationen der beteiligten Partner mit den Vertragsspezifikationen compliant sind. Das ist eine Methode zur Compliance-Überprüfung während der Laufzeit. Die Interaktionsmodelle sollen aus einfachen Geschäftsoperationen bestehen. Die Vertragsklauseln sollen als ECA-Regeln spezifiziert werden. Als Algorithmus zur Compliance-Überprüfung wird auch hier Modellprüfung eingesetzt. Diese Methode ist wie die anderen zwei Methoden noch nicht empirisch untersucht. Eine Evaluierung der Methode könnte in Zukunft gemacht werden. In Zukunft könnte auch daran gearbeitet werden, dass der Automatisierungsgrad der Methode erhöht wird, indem z.B. die Vertragsklauseln als ECA-Regeln automatisch spezifiziert werden.

Zusammenfassend kann man sagen, dass Compliance bei kooperativen Workflows wichtig ist. Jede der drei vorgestellten Methoden hat ihre Vor- und Nachteile. Bei der Auswahl einer Methode zur Compliance-Überprüfung muss man an erster Stelle wissen, ob man eine Methode zur Compliance-Überprüfung zur Modellierungs- oder Laufzeit braucht.

Literatur

1. Matt, C. Workflow-Management-Systeme. Controlling & Management, Springer, 2012, 56, 8-10
2. Peltz, C. Web services orchestration and choreography. Computer, 2003, 36, 46-52
3. Kopp, O. & Leymann, F. Choreography Design Using WS-BPEL. IEEE Data Eng. Bull., 2008, 31, 31-34
4. Yu, J.; Manh, T. P.; Han, J.; Jin, Y.; Han, Y. & Wang, J. Pattern based property specification and verification for service composition. Web Information Systems-WISE 2006, Springer, 2006, 156-168
5. Yu, J.; Han, Y.-B.; Han, J.; Jin, Y.; Falcarin, P. & Morisio, M. Synthesizing service composition models on the basis of temporal business rules. Journal of computer science and technology, Springer, 2008, 23, 885-894
6. Yu, J., Phan, M.T., Han, J., Jin, Y.: Pattern based Property Specification and Verification for Service Composition. Technical Report SUT.CeCSES-TR010. CeCSES, Swinburne University of Technology, 2006
7. Knuplesch, D.; Reichert, M.; Fdhila, W. & Rinderle-Ma, S. Ensuring Compliance of Collaborative and Distributed Workflows, 2013
8. Molina-Jimenez, C.; Shrivastava, S. & Strano, M. A model for checking contractual compliance of business interactions Services Computing, IEEE Transactions on, IEEE, 2012, 5, 276-289

Compliance von kooperativen Workflows

Seminar
Compliance von Workflows
Sommersemester 2014

Radoslav Yankov

Motivation

- Automatisierte Workflows – compliant mit Normen, Regeln, Standards

- Bisher: Compliance nur im Kontext von intra-organizational Workflows

- Lokale und globale Compliance notwendig bei kooperativen Workflows

- Herausforderung: prozessinterne Datails nicht zugänglich für Partner

Übersicht

- Kooperative Workflows und Choreographie
  - Beispiel

- Methoden zur Compliance-Unterstützung bei kooperativen Workflows

  - Musterbasierte Regelspezifikation und anschließende Verifikation [4, 5]
    - Die Sprache PROPOLS
    - Verifikation
    - Beispiel
  - Methode zur Erzeugung von compliant kooperativen Workflows [6]
  - Contract Compliance Checker (CCC) [7]
    - Beispiel

- Vergleich und Auswertung der Methoden

- Zusammenfassung

Übersicht

- Kooperative Workflows und Choreographie

Kooperative Workflows und Choreographie (I)

- Prozesse agieren miteinander

- Choreographie - Grundlage von kooperativen Workflows

- Modellierung der Koordination von Interaktionen zwischen mehreren Partnern

- prozessinterne Details nicht relevant

Kooperative Workflows und Choreographie (II)

- Kommunikation über Schnittstellen

- Nachrichtenaustausch

- Herausforderungen bei der Modellierung von Constraints in Choreographien:
  - Auswahl einer geeigneten Modellierungssprache
  - Überprüfung der Modelle

Übersicht

- Kooperative Workflows und Choreographie
  - Beispiel

Methoden zur Compliance-Unterstützung bei kooperativen Workflows

Musterbasierte Regelspezifikation und architekturbasierte Verifikation [4, 9]
Überblick über 3G2P-Zyklus
Spezifikation
Pattern
Strukturierte Erzeugung von compliant kooperativen Workflows im Dynamic Compliance Checker (DCCflow)
Ansatz

Vergleich und Auswertung der Methoden

Zusammenfassung

Beispiel

Choreographie (Auktionsprozess):

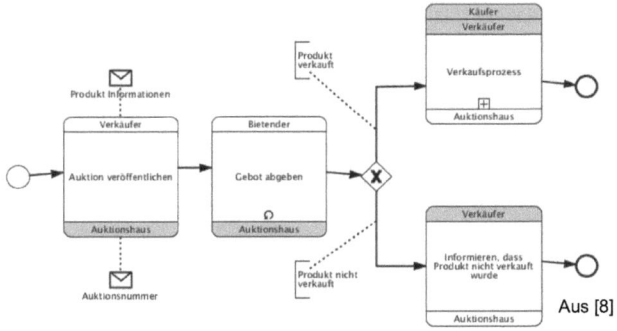

Aus [8]

Übersicht

- Methoden zur Compliance-Unterstützung bei kooperativen Workflows

  - Musterbasierte Regelspezifikation und anschließende Verifikation [4, 5]

Musterbasierte Regelspezifikation und anschließende Verifikation

- Voraussetzung: Service-Interaktionsmodelle als Modellierungsmethode für die entstehenden Kooperationsmodelle

- Property Specification Pattern Ontology Language for Service Composition (PROPOLS) zur Spezifikation von Regeln

- Verifikation der spezifizierten Regeln

Übersicht

Die Sprache PROPOLS (I)

- Ontologiesprache zur Spezifikation von Geschäftsregeln mit Hilfe von Mustern (Patterns)

- Regelspezifikation: was und wann muss erfüllt sein

- Spezifikation von komplexen Regeln durch composite Patterns

- leicht zu benutzen und lernen

Die Sprache PROPOLS (II)

- OrderPattern
  - Precedence
  - Response (LeadsTo)
- OccurencePattern
  - Absence
  - Universality
  - Existence
  - Bounded Existence

- Scope
  - Globally
  - Before
  - After
  - Between ... And
  - After ... Until

Übersicht

- Kooperative Workflows und Choreographien
  - Beispiel

- Methoden zur Compliance-Unterstützung bei kooperativen Workflows

  - Musterbasierte Regelspezifikation und anschließende Verifikation [4, 5]
    - Verbaler Ausdruck
    - Verifikation
    - Beispiel
  - Methoden zur Evaluation von Compliant kooperativen Workflows [6]
  - Context-Compliance-Checker (CCC) [7]
    - Beispiel

- Vergleich und Auswertung der Methoden

- Zusammenfassung

Verifikation (I)

- erfolgt in 3 Schritten

  1. Konstruktion eines semantisch äquivalenten endlichen deterministischen Automaten für jede Regel

  2. Aufbau eines Automaten für das ganze System (aus dem BPEL-Schema)

  3. Verifikation der beiden in Schritt 1 und 2 konstruierten Automaten: 1 soll in 2 enthalten sein

- Unterstützung von Werkzeugen

Verifikation (II)

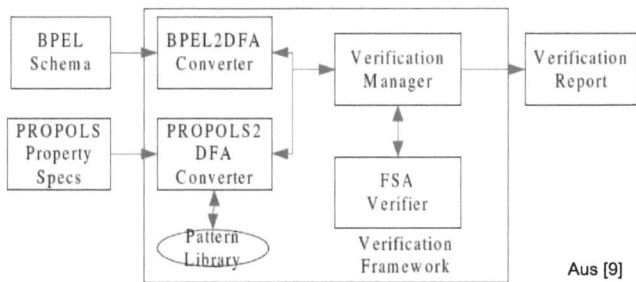

Aus [9]

23

Übersicht

- Methoden zur Compliance-Unterstützung bei kooperativen Workflows

  - Musterbasierte Regelspezifikation und anschließende Verifikation [4, 5]

    - Beispiel

Beispiel

PROPOLS:

- Regel in natürlicher Sprache: „*If the order is fulfilled, the bank ensures that the payment transfers to the company.*"

- Regel in PROPOLS:

Customer.GetOrderFulfilled **Precedes Bank.Transfer Globally**
And
Customer.GetOrderFulfilled **LeadsTo Bank.Transfer Globally**

Übersicht

Methode zur Erzeugung von compliant kooperativen Workflows (I)

- Modellierung des Interaktionsmodells in BPMN

- Spezifikation von Regeln mit Hilfe von linearer temporaler Logik

- Compliance in der Designphase

- Compliance-Checking durch Modellprüfung der public Elemente (Interaktionsmodell, public Prozessmodelle)

Methode zur Erzeugung von compliant kooperativen Workflows (II)

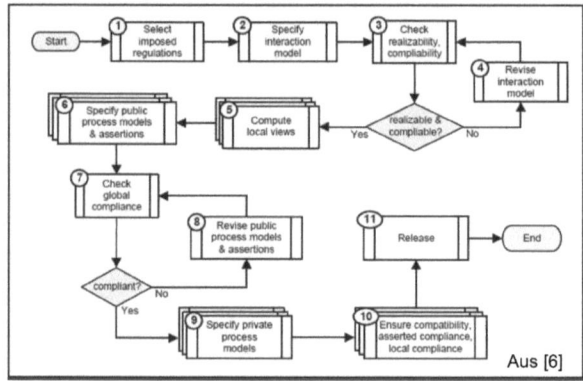

Aus [6]

Übersicht

Contract Compliance Checker (I)

- Compliance zur Ausführungszeit

- Third-Party-Monitoring-Service

- unabhängig, liegt zwischen den interagierenden Partnern

- beobachtet und protokolliert die Interaktionen

- Überprüfung, ob die Partneraktivitäten den Spezifikationen im Vertrag entsprechen

Contract Compliance Checker (II)

- Regelspezifikation als Event-Condition-Action – Regeln (ECA-Regeln) in der Menge der Rechte, Verbote und Pflichte

- Interaktionsmodell soll aus **einfachen** Geschäftsoperationen bestehen
  - z.B. *payment submission, order cancellation*
  - Definiert z.B. mit RosettaNet Partner Interface Processes

- Überprüft werden: Rollen, Reihenfolge, ob die Geschäftsoperationen zum richtigen Zeitpunkt durchgeführt werden, Rechte, Verbote, Pflichte

Contract Compliance Checker (III)

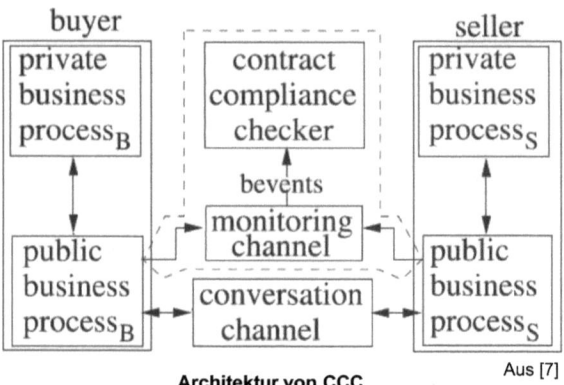

Architektur von CCC

Aus [7]

Übersicht

- Methoden zur Compliance-Unterstützung bei kooperativen Workflows

  - Contract Compliance Checker (CCC) [7]
    - Beispiel

Beispiel

- Vertragsklausel in natürlicher Sprache: „*If the purchase order is accepted, the seller is obliged to submit an invoice within 24 hours.*"

- Vertragsklausel als ECA-Regel:

$$e \equiv (name = AcceptPO, exoutcome = S, initiator = seller, -) \\ \rightarrow \{O_S - = RespondPO, O_S + = (SubInv,'24h')\}$$

  - e – business event (bevent)
  - AcceptPO – Acceptance of purchase order
  - S – success
  - O_S – seller's set of obligations
  - SubInv – submission of invoice

Übersicht

- Vergleich und Auswertung der Methoden

Vergleich und Auswertung der Methoden

Methoden	Vergleichskriterien							
	1	2	3	4	5	6	7	8
(I)	Modellierungszeit	✓	✓	✓	✓	Web-Services; kooperative Workflows	✗	✗
(II)	Modellierungszeit	✗	✗	✓	✗	kooperative Workflows	✓	✗
(III)	Laufzeit	✗	✗	✗	✗	verteilte Systeme; kooperative Workflows	✗	✗

(I) Musterbasierte Regelspezifikation und anschließende Verifikation [4, 5]

(II) Methode zur Erzeugung von compliant kooperativen Workflows [6]

(III) Contract Compliance Checker [7]

1. Zeitpunkt der Compliance-Überprüfung

2. einfache Benutzbarkeit

3. leichte Erlernbarkeit

4. Definition von konkreten Schritten

5. Werkzeugunterstützung

6. Einsatzgebiet

7. Iterationsunterstützung

8. Evaluierung

Übersicht

- Zusammenfassung

Zusammenfassung

- Interaktionen zwischen interagierenden Partnern – relevant bei kooperativen Workflows

- Verschiedene Methoden zur Compliance-Unterstützung bei kooperativen Workflows

- Herausforderung bei der Modellierung von Constraints in Choreographien

Literaturquellen

1. Matt, C. Workflow-Management-Systeme. Controlling & Management, Springer, 2012, 56, 8-10

2. Peltz, C. Web services orchestration and choreography. Computer, 2003, 36, 46-52

3. Kopp, O. & Leymann, F. Choreography Design Using WS-BPEL. IEEE Data Eng. Bull., 2008, 31, 31-34

4. Yu, J.; Manh, T. P.; Han, J.; Jin, Y.; Han, Y. & Wang, J. Pattern based property specification and verification for service composition. Web Information Systems-WISE 2006, Springer, 2006, 156-168

5. Yu, J.; Han, Y.-B.; Han, J.; Jin, Y.; Falcarin, P. & Morisio, M. Synthesizing service composition models on the basis of temporal business rules. Journal of computer science and technology, Springer, 2008, 23, 885-894

6. Knuplesch, D.; Reichert, M.; Fdhila, W. & Rinderle-Ma, S. Ensuring Compliance of Collaborative and Distributed Workflows, 2013

7. Molina-Jimenez, C.; Shrivastava, S. & Strano, M. A model for checking contractual compliance of business interactions Services Computing, IEEE Transactions on, IEEE, 2012, 5, 276-289

8. Güntert, Markus: Choreographiemodellierung, URL: http://de.bpmn-community.org/tutorials/33/ (Stand: 06.06.2014)

9. Yu, J., Phan, M.T., Han, J., Jin, Y.: Pattern based Property Specification and Verification for Service Composition. Technical Report SUT.CeCSES-TR010. CeCSES, Swinburne University of Technology, 2006

Fragen?